Philippe Lusseau

EiS & SORBETS
AUS DER EiSMASCHiNE

Fotografien von Caroline Faccioli

Inhalt

EIS UND SORBET MAL ANDERS: SALZIGE VARIANTEN

Sorbet, Eis, Semifreddo: Welche Unterschiede gibt es?

Vergessen Sie die Dosen mit dem harten Eis, die Sie in Ihrem Gefrierschrank gehortet haben. Von jetzt an werden Sie cremiges und unwiderstehliches Eis und Sorbet mit der Eismaschine selber zubereiten, mit Früchten der Saison und ohne Konservierungsstoffe oder sonstigen Zusätzen. Wenn Sie Ihr erstes Eis oder Sorbet erfolgreich hergestellt haben, können Sie Ihrer kulinarischen Fantasie freien Lauf lassen und eigene Sorten kreieren.

Bevor Sie anfangen, hier noch ein paar **kulinarische Begriffe:**

Die Basis von **Eis** besteht aus Milch, Eiern und Zucker: Die Eier (oder das Eigelb) werden mit dem Zucker aufgeschlagen, dann gibt man warme Milch hinzu und läßt die Mischung zu einer dicklichen Masse einkochen.

Ein **Semifreddo** wird auf die gleiche Weise hergestellt, aber es enthält mehr Sahne und wird dadurch cremiger.

Ein **Sorbet** hingegen besteht aus anderen Zutaten. Es enthält Zucker und Wasser, die zu einem Sirup eingekocht werden, zu dem man Fruchtmark hinzugibt.

Außerdem kann man geeiste Desserts mit Joghurt oder Quark auf einer Basis von Eis oder Sorbet herstellen.

Wie funktioniert eine Eismaschine?

Die meisten Eismaschinen bestehen aus einer Schüssel mit Kühlakku und einem Rührer.

Bevor man die Maschine in Betrieb nimmt, muss die Schüssel für mindestens 12 Stunden in den Gefrierschrank gestellt werden, damit sie durch und durch gekühlt ist. Die zu gefrierende Creme sollte gut gekühlt sein (man sollte sie 4 bis 5 Stunden in den Kühlschrank stellen), bevor sie in die Eismaschine gegeben wird.

Wenn die Eismaschine eingeschaltet wird, geht der Rührer in Betrieb. Dabei wird die Creme bereits gekühlt. Die spezifische Form des Rührers sorgt dafür, dass Luft unter die Masse geschlagen wird, wodurch das Eis oder Sorbet besonders cremig wird. Im Deckel der Eismaschine ist normalerweise eine Öffnung, durch die bestimmte Zutaten (wie zum Beispiel Nüsse oder kandierte Früchte) am Ende des Rührprozesses zugefügt werden können.

Es gibt auch Maschinen (für den professionellen Gebrauch) mit einem integrierten Kühlkompressor. Die Rührzeit ist bei diesen Eismaschinen etwas länger, aber man kann nacheinander mehrere Eissorten herstellen, weil die Schüssel nicht im Gefrierfach gekühlt werden muss.

Die einzelnen Schritte

1. Stellen Sie die Schüssel der Eismaschine für mindestens 12 Stunden in den Gefrierschrank, bevor Sie mit der Zubereitung beginnen.

2. Bereiten Sie nun Ihrem Rezept folgend die Creme zu und stellen Sie diese für 4 bis 5 Stunden in den Kühlschrank. Am besten bereiten Sie sie am Vorabend zu und stellen sie über Nacht kühl. (Wenn die Creme nicht ausreichend gekühlt ist, dauert der Rührvorgang entsprechend länger.)

3. Nehmen Sie die Schüssel aus dem Gefrierschrank und geben Sie die Creme hinein. Stellen Sie die Schüssel in die Eismaschine und schalten Sie diese ein. Der Rührvorgang dauert zwischen 25 und 35 Minuten. Achten Sie darauf, dass die Maschine nicht zu lange rührt, weil sonst das Eis hart und körnig werden kann.

4. Am Ende des Rührvorgangs hat das Eis eine Temperatur von -5° bis -6° C und kann gleich verzehrt werden. Wenn Sie es nicht sofort verzehren, bewahren Sie es in einem Kunststoffbehälter im Gefrierfach auf.

NB: Die Rezepte für Sorbets enthalten grundsätzlich mehr Zucker und Traubenzucker. Traubenzucker findet man in Apotheken oder im Fachhandel. Dadurch wird das Sorbet cremiger, aber wenn Sie es nicht bekommen, können Sie es durch die gleiche Menge an feinem Zucker ersetzen.

Selbstgemachtes Eis am Stiel

Es gibt verschiedene Formen für Eis am Stiel, alle sind leicht zu benutzen. Befolgen Sie die Bedienungsanleitung Ihres Modells. Anstelle einer speziellen Form können Sie auch kleine Joghurtbecher verwenden.

Zubereitung in der Eismaschine: cremig und sämig

Mit der Eismaschine wird das Eis am Stiel sämig (und nicht körnig). Die Zubereitung mit der Eismaschine bietet sich vor allem an, wenn Sie das Eis in eine Form geben möchten. Rühren Sie das Eis oder Sorbet solange, bis die Mischung cremig, aber noch zähflüssig ist. So können Sie die Creme leichter in die Form geben und vermeiden, dass sich Luftblasen bilden. Füllen Sie sie in die Formen ein.

Zubereitung in einem Mixer: schnell und einfach

Eis am Stiel auf Fruchtbasis – ob mit frischem oder tiefgekühltem Obst oder Obstsirup – ist sehr schnell ohne Eismaschine zubereitet. Mit einem Mixer kann man das Obst perfekt zu einer sämigen Masse pürieren. Nehmen Sie reife Früchte und mixen Sie sie mit Zucker oder Sirup; passieren Sie die Masse bei Bedarf durch ein Sieb. Nehmen Sie zwischen 125 und 200 g Zucker (oder 100 bis 200 ml Sirup) für 1 kg Obst.

Je mehr Zucker oder Sirup Sie verwenden, desto sämiger wird Ihr Eis. Pürieren Sie auch einmal Obst mit gezuckerter Kondensmilch. Füllen Sie dann die Mischung in die Formen.

Alle Farben

Man kann auch Eis am Stiel mit verschiedenen Farbschichten zubereiten. Wenn Sie das Eis im Mixer zubereiten, lassen Sie jede Schicht 30 Minuten in der Form anfrieren, bevor Sie die nächste daraufgeben. Wenn Sie das Eis in der Eismaschine zubereiten, geben Sie die Schichten direkt nach und nach in die Form, ohne dazwischen zu warten.

Wie formt man das Eis?

Nachdem Sie die Förmchen gefüllt haben, stoßen Sie sie leicht auf die Arbeitsfläche, damit Luftblasen entweichen können. Stecken Sie die Stäbchen hinein (Achtung, bei einigen Formen darf das Stäbchen erst nach 45 bis 60 Minuten Gefrierzeit hineingesteckt werden, wenn das Eis langsam fest wird). Stellen Sie die Formen für 6 Stunden in den Gefrierschrank, wenn die Masse mit dem Rührer zubereitet wurde. Wenn sie mit dem Mixer zubereitet wurde, stellen Sie sie 12 Stunden kalt. Um das Eis aus der Form zu lösen, erwärmen Sie diese kurz, zum Beispiel, indem Sie sie kurz unter warmes Wasser halten oder in den Händen erwärmen.

Geeiste Vanillecreme

Zubereitung:
35 Min.
Kühlen: 5 Std.
Rühren:
20 bis 25 Min.

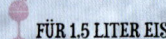

FÜR 1.5 LITER EIS

8 Eigelb
200 g feiner Zucker
400 ml Milch
600 ml Sahne
4 Vanilleschoten, längs halbiert

Die Eigelbe mit dem Zucker zu einer hellen Masse aufschlagen. Milch und Sahne in einen Topf geben. Das Innere der Vanilleschoten auskratzen und mit den Vanilleschoten dazugeben. Zum Kochen bringen. Vom Herd nehmen, bedecken und die Vanille etwa 10 Minuten ziehen lassen, dann die Vanilleschoten herausnehmen.

Die warme Flüssigkeit mit den geschlagenen Eigelben verrühren. Die Mischung in den Topf gießen und bei sehr milder Hitze dicklich einkochen, bis die Creme am Löffel klebt. In eine Schüssel geben und abkühlen lassen, dabei von Zeit zu Zeit umrühren. Anschließend für mindestens 5 Stunden in den Kühlschrank stellen.

Die Creme in ein sehr feines Sieb geben und in die Schüssel der Eismaschine füllen (diese muss zuvor 12 Stunden im Gefrierschrank gekühlt worden sein). Die Schüssel in die Eismaschine stellen und diese einschalten. 20 bis 25 Minuten laufen lassen, bis ein sämiges Eis entsteht.

Diese geeiste Creme schmeckt sehr gut mit karamellisierten Macadamianussen. In einem Topf mit dickem Boden 200 g Rohrzucker ohne Fett bei mittlerer Hitze schmelzen lassen, bis der Karamell hell wird. 200 g Macadamianüsse zufügen und mischen. Auf ein mit Backpapier ausgelegtes Blech geben und abkühlen lassen. Dann die karamellisierten Nüsse in Stücke brechen. 5 Minuten vor Ende der Rührzeit zum Eis geben. Oder das Eis kurz vor dem Servieren damit bestreuen.

Karamelleis mit gesalzener Butter

Zubereitung 35 Min. · Rühren 25 bis 30 Min. · Kühlen 5 Std.

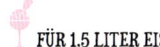

FÜR 1,5 LITER EIS

8 Eigelb
100 g feiner Zucker
500 ml Milch
500 ml Sahne

Für den Karamell
100 g leicht gesalzene Butter
200 g feiner Zucker
1 Prise Salz
3 EL Sahne

Den Karamell zubereiten. In einem Topf mit dickem Boden die Butter mit Zucker und Salz bei mittlerer Hitze erwärmen, bis sie leicht gebräunt ist. Vom Herd nehmen, zuerst 3 EL Wasser, dann die Sahne zufügen und verrühren.

Die Eigelbe mit dem Zucker zu einer hellen Masse aufschlagen. In einem Topf Milch und Sahne zum Kochen bringen und über den Karamell gießen, dabei gut verrühren, bis er sich auflöst. Die Mischung unter die geschlagenen Eier rühren. In den Topf gießen und bei sehr milder Hitze dicklich einkochen, bis die Creme am Löffel klebt. In eine Schüssel geben und abkühlen lassen, dabei von Zeit zu Zeit umrühren. Anschließend für mindestens 5 Stunden in den Kühlschrank stellen.

Die Creme in ein sehr feines Sieb geben und in die Schüssel der Eismaschine füllen (diese muss zuvor 12 Stunden im Gefrierschrank gekühlt worden sein). Die Schüssel in die Eismaschine stellen und diese einschalten. 25 bis 30 Minuten laufen lassen, bis ein sämiges Eis entsteht.

Äpfel mit einem Apfelausstecher vom Kerngehäuse befreien, ohne den Boden zu beschädigen. 50 g Zucker, eine halbe Vanilleschote und etwas Honig in das Loch geben. Im vorgeheizten Ofen bei 130° C 30 Minuten backen. Etwas abkühlen lassen und jeden Apfel mit einer Kugel Karamelleis garnieren.

Joghurteis

FÜR 1 LITER EIS

3 Eier
200 g feiner Zucker
250 ml Crème fraîche
500 g Naturjoghurt

Zubereitung 30 Min.

Rühren 20 bis 25 Min.

Kühlen 4 Std.

Die Eier mit dem Zucker zu einer hellen Masse aufschlagen. Die Crème fraîche in einem Topf zum Kochen bringen und über die Eier gießen, dabei mit einem Rührbesen ständig rühren. Die Mischung in den Topf gießen und bei sehr milder Hitze dicklich einkochen, bis die Creme am Löffel klebt.

In eine Schüssel geben und abkühlen lassen, dabei von Zeit zu Zeit umrühren. Anschließend für etwa 4 Stunden in den Kühlschrank stellen.

Das Joghurt unterrühren und in die Schüssel der Eismaschine füllen (diese muss zuvor 12 Stunden im Gefrierschrank gekühlt worden sein). Die Schüssel in die Eismaschine stellen und diese einschalten. 20 bis 25 Minuten laufen lassen, bis ein sämiges Eis entsteht.

Im Sommer dieses Eis mit Erdbeeren servieren. Die Früchte in Stücke schneiden und in einigen Tropfen Balsamessig 5 Minuten marinieren, bevor Sie sie mit einer Kugel Joghurteis anrichten.

Nutella-Eis

FÜR 1 LITER EIS

8 Eigelb
200 g feiner Zucker
600 ml Milch
100 ml Sahne
7 EL Nutella

Die Eigelbe mit dem Zucker zu einer hellen Masse aufschlagen. In einem Topf Milch und Sahne zum Kochen bringen und unter die geschlagenen Eier rühren. In den Topf gießen und bei sehr milder Hitze dicklich einkochen, bis die Creme am Löffel klebt.

In eine Schüssel geben und die Nutella unterrühren. Abkühlen lassen, dabei von Zeit zu Zeit umrühren. Anschließend für mindestens 5 Stunden in den Kühlschrank stellen.

Die Creme in ein sehr feines Sieb geben und in die Schüssel der Eismaschine füllen (diese muss zuvor 12 Stunden im Gefrierschrank gekühlt worden sein). Die Schüssel in die Eismaschine stellen und diese einschalten. 25 bis 30 Minuten laufen lassen, bis ein sämiges Eis entsteht.

Crêpes backen und mit Honig bestreichen. Mit einer Kugel Nutella-Eis und Karamellsoße servieren.

Schokoladeneis am Stiel mit Schokoladenüberzug

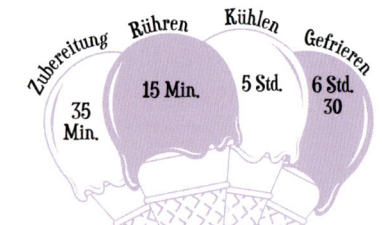

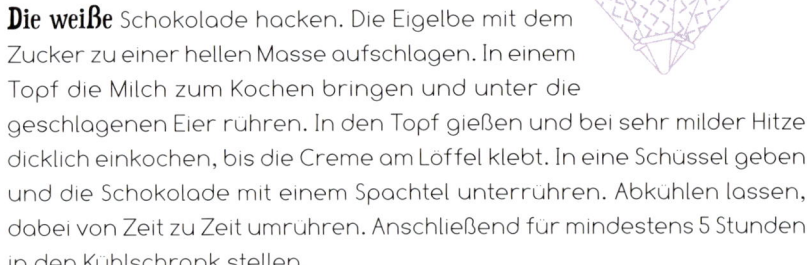

FÜR 6 EIS AM STIEL

150 g weiße Schokolade
8 Eigelb
120 g feiner Zucker
1 l Milch

Für den Überzug
650 g weiße Schokolade
2 EL Nuss-Nougat-Creme
mit Nussstückchen (in gut
sortierten Supermärkten oder im
Internet erhältlich)
150 g gehackte Mandeln

Die weiße Schokolade hacken. Die Eigelbe mit dem Zucker zu einer hellen Masse aufschlagen. In einem Topf die Milch zum Kochen bringen und unter die geschlagenen Eier rühren. In den Topf gießen und bei sehr milder Hitze dicklich einkochen, bis die Creme am Löffel klebt. In eine Schüssel geben und die Schokolade mit einem Spachtel unterrühren. Abkühlen lassen, dabei von Zeit zu Zeit umrühren. Anschließend für mindestens 5 Stunden in den Kühlschrank stellen.

Die Creme in die Schüssel der Eismaschine füllen (diese muss zuvor 12 Stunden im Gefrierschrank gekühlt worden sein). Die Schüssel in die Eismaschine stellen und diese einschalten. Etwa 15 Minuten laufen lassen, bis ein sämiges Eis entsteht.

Das Eis in die Förmchen füllen und für 6 Stunden in den Gefrierschrank stellen.

Den Überzug zubereiten. Die weiße Schokolade hacken. Ungefähr 1 Stunde vor dem Verzehr die Schokolade mit der Nuss-Nougat-Creme im Wasserbad schmelzen. Das Eis am Stiel aus den Formen lösen und in die geschmolzene Schokolade tauchen, abtropfen lassen und mit den gehackten Mandeln bestreuen. Das Eis am Stiel in eine Styroporplatte stecken und diese für 30 Minuten in den Gefrierschrank stellen.

Die übrige Schokolade in einer kleinen, gut verschließbaren Dose bei Zimmertemperatur aufbewahren.

Passionsfrucht-Sorbet mit kandierter Mango

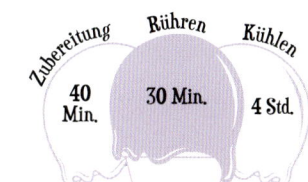

FÜR 1 LITER SORBET

100 g feiner Zucker
90 g Traubenzucker
4 EL Zitronensaft
500 ml Passionsfruchtsaft

Für die kandierte Mango

200 g Mangopüree
2 EL Zitronensaft
50 g Traubenzucker
300 g feiner Zucker
+ zum Bestäuben
5 g Pektin (Geliermittel)

Am Vorabend die kandierte Mango zubereiten. Das Mangopüree mit dem Zitronensaft und Traubenzucker zum Kochen bringen. 300 g feinen Zucker mit Pektin vermischen und mit einem Rührbesen unter das Püree rühren. Bei milder Hitze etwa 10 Minuten kochen lassen, dabei ständig rühren. Die Mischung in einen Kuchenring mit 20 cm Durchmesser oder direkt auf Backpapier geben, dabei 2 cm dick auftragen. Über Nacht im Kühlschrank erhärten lassen.

Am Tag selbst. Die kandierte Mango in Würfel schneiden und im Zucker wälzen. In einer luftdichten Dose im Kühlschrank aufbewahren. 150 ml Wasser mit 100 g Zucker, dem Traubenzucker und dem Zitronensaft zum Kochen bringen. Den Sirup vom Herd nehmen und abkühlen lassen, dann den Passionsfruchtsaft unterrühren. Für 4 Stunden in den Kühlschrank stellen. Die Mischung in die Schüssel der Eismaschine füllen (diese muss zuvor 12 Stunden im Gefrierschrank gekühlt worden sein).

Die Schüssel in die Eismaschine stellen und diese einschalten. Etwa 30 Minuten laufen lassen, bis ein sämiges Sorbet entsteht. Das Sorbet in eine Eisdose füllen und mit einem Löffel vorsichtig die Mangowürfel unterheben.

Geeiste Creme mit Karamellbonbons

Zubereitung:
40 Min.
Kühlen:
5 Std.
Rühren:
25 bis 30 Min.

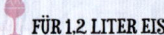

FÜR 1.2 LITER EIS

16 Karamell-Kaubonbons
8 Eigelb
20 g feiner Zucker
400 ml Milch
400 ml Sahne
100 g M&Ms

Die Kaubonbons in Stücke schneiden. Die Eigelbe mit dem Zucker zu einer hellen Masse aufschlagen. In einem Topf Milch und Sahne mit den Kaubonbons zum Kochen bringen, dabei immer wieder rühren. Vom Herd nehmen, abdecken und 10 Minuten ziehen lassen.

Die Mischung unter die geschlagenen Eier rühren. In den Topf gießen und bei sehr milder Hitze dicklich einkochen, bis die Creme am Löffel klebt. In eine Schüssel geben und abkühlen lassen, dabei von Zeit zu Zeit umrühren. Anschließend für mindestens 5 Stunden in den Kühlschrank stellen.

Die Creme durch ein sehr feines Sieb streichen und in die Schüssel der Eismaschine füllen (diese muss zuvor 12 Stunden im Gefrierschrank gekühlt worden sein).
Die Schüssel in die Eismaschine stellen und diese 25 bis 30 Minuten laufen lassen, bis ein sämiges Eis entsteht. Etwa 5 Minuten vor Ende der Rührzeit die M&Ms durch die Deckelöffnung hinzugeben.

Aprikosensorbet

FÜR 0.8 LITER SORBET

140 g feiner Zucker

Saft von 1 Zitrone

800 g Aprikosenfruchtfleisch

(frisch pürierte Früchte)

Zubereitung:
20 Min.
Kühlen:
4 Std.
Rühren:
25 bis 30 Min.

150 ml Wasser mit Zucker und Zitronensaft zum Kochen bringen. Vom Herd nehmen und den Sirup abkühlen lassen, dann das Aprikosenfruchtfleisch unterrühren.

Die Mischung durch ein feines Sieb geben und für 4 Stunden in den Kühlschrank stellen. In die Schüssel der Eismaschine füllen (diese muss zuvor 12 Stunden im Gefrierschrank gekühlt worden sein). Die Schüssel in die Eismaschine stellen und diese 25 bis 30 Minuten laufen lassen, bis ein sämiges Sorbet entsteht.

Frische Aprikosen in Scheiben schneiden und in Butter andunsten, 1 gehauften Esslöffel Honig zufügen und mit etwas Amaretto ablöschen. Mit gerösteten Pinienkernen bestreuen und mit einer Kugel Aprikosensorbet servieren.

Geeiste Lavendelcreme

FÜR 1,4 LITER EIS

5 EL getrocknete Lavendelblüten

8 Eigelb

200 g feiner Zucker

400 ml Milch

600 ml Sahne

Zubereitung:
30 Min.
Kühlen:
5 Std.
Rühren:
25 bis 30 Min.

Die Lavendelblüten abzupfen und trocknen lassen. Die Eigelbe mit dem Zucker zu einer hellen Masse aufschlagen. In einem Topf Milch, Sahne und Lavendel zum Kochen bringen. Vom Herd nehmen, abdecken und 10 Minuten ziehen lassen. Die warme Mischung unter die geschlagenen Eier rühren. In den Topf gießen und bei sehr milder Hitze dicklich einkochen, bis die Creme am Löffel klebt. In eine Schüssel geben und abkühlen lassen, dabei von Zeit zu Zeit umrühren. Anschließend für mindestens 5 Stunden in den Kühlschrank stellen.

Die Creme durch ein sehr feines Sieb streichen und in die Schüssel der Eismaschine füllen (diese muss zuvor 12 Stunden im Gefrierschrank gekühlt worden sein). Die Schüssel in die Eismaschine stellen und diese 25 bis 30 Minuten laufen lassen, bis ein sämiges Eis entsteht.

Bananeneis mit Ananasconfit

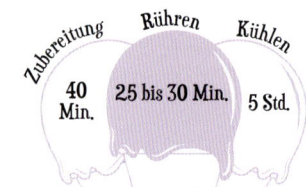

FÜR 1,2 LITER EIS

1 mittelgroße Ananas

200 g Rohrzucker

4 Bananen

750 ml Vollmilch

120 g feiner Zucker

3 EL Crème fraîche

Die Schale und den Strunk der Ananas abschneiden, das Fruchtfleisch in 1 cm große Würfel schneiden.

Den Rohrzucker in einer Pfanne ohne Fett erwarmen, bis brauner Karamell entsteht. Die Ananaswürfel zugeben und kochen lassen, bis der Saft vollständig verdampft ist. Abkühlen lassen.

Inzwischen die Bananen grob in Scheiben schneiden. In den Mixer geben, Milch und Zucker zufügen und pürieren. Die Mischung durch ein Sieb streichen. Die Crème fraîche unterrühren und für 5 Stunden in den Kühlschrank stellen.

Die Creme in die Schüssel der Eismaschine füllen (diese muss zuvor 12 Stunden im Gefrierschrank gekühlt worden sein). Die Schüssel in die Eismaschine stellen und diese 25 bis 30 Minuten laufen lassen, bis ein sämiges Eis entsteht. Etwa 5 Minuten vor Ende der Rührzeit das Ananasconfit durch die Deckelöffnung zugeben.

Sie können die kandierten Ananaswürfel auch durch gehackte, gebrannte Mandeln ersetzen. Geben Sie noch einen Schuss Schokoladensoße auf das Eis.

Erdbeersorbet

Zubereitung:
25 Min.
Kühlen:
4 Std.
Rühren:
25 bis 30 Min.

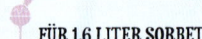

FÜR 1.6 LITER SORBET

450 g feiner Zucker

50 g Traubenzucker

1 kg Erdbeerpüree

(pürierte Früchte)

250 ml Wasser mit Zucker und Traubenzucker zum Kochen bringen. Den Sirup vom Herd nehmen und abkühlen lassen, dann das Erdbeerpüree untermischen.

Die Mischung durch ein Sieb streichen und für 4 Stunden in den Kühlschrank stellen. Dann in die Schüssel der Eismaschine füllen (diese muss zuvor 12 Stunden im Gefrierschrank gekühlt worden sein).

Die Schüssel in die Eismaschine stellen und diese 25 bis 30 Minuten laufen lassen, bis ein sämiges Sorbet entsteht.

Die Kinder mögen dieses Sorbet besonders am Stiel. Verrühren Sie es dann nur 15 bis 20 Minuten und geben Sie es noch zähflüssig in die Formen. Setzen Sie Stiele hinein und stellen Sie sie für mindestens 4 Stunden in den Gefrierschrank.

Geeiste Creme mit Mokkabohnen

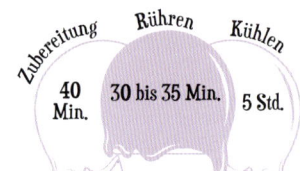

Zubereitung 40 Min. | Rühren 30 bis 35 Min. | Kühlen 5 Std.

FÜR 1,3 LITER EIS

125 g äthiopische Mokkabohnen
9 Eigelb
200 g feiner Zucker
400 ml Milch
400 ml Sahne

Die Mokkabohnen in einem Mörser oder mit einer Küchenrolle zerkleinern. Die Eigelbe mit dem Zucker zu einer hellen Masse aufschlagen. In einem Topf Milch und Sahne mit den Mokkabohnen zum Kochen bringen. Vom Herd nehmen und 10 Minuten ziehen lassen.

Die warme Mischung unter die geschlagenen Eier rühren. In den Topf gießen und bei sehr milder Hitze dicklich einkochen, bis die Creme am Löffel klebt. In eine Schüssel geben und abkühlen lassen, dabei von Zeit zu Zeit umrühren. Anschließend für mindestens 5 Stunden in den Kühlschrank stellen.

Die Creme durch ein feines Sieb streichen und in die Schüssel der Eismaschine füllen (diese muss zuvor 12 Stunden im Gefrierschrank gekühlt worden sein). Die Schüssel in die Eismaschine stellen und diese einschalten. Etwa 30 bis 35 Minuten laufen lassen, bis ein samiges Eis entsteht.

2 Kugeln Mokkaeis mit 50 ml Whisky in einem Mixer pürieren. 1 Kugel Eis in ein Glas geben und die Mischung darüber geben. Mit etwas Sahne und Kakaopulver dekorieren.

Schokoladeneis

FÜR 1 LITER EIS

125 g dunkle Schokolade
mit 70 % Kakao

4 Eigelb

125 g feiner Zucker

500 ml Milch

Die Schokolade hacken. Die Eigelbe mit dem Zucker zu einer hellen Masse aufschlagen. In einem Topf die Milch zum Kochen bringen.

Die warme Milch unter die geschlagenen Eier rühren. In den Topf gießen und bei sehr milder Hitze dicklich einkochen, bis die Creme am Löffel klebt. Die Schokolade unterrühren. In eine Schüssel geben und abkühlen lassen, dabei von Zeit zu Zeit umrühren. Anschließend für mindestens 5 Stunden in den Kühlschrank stellen

Die Creme durch ein sehr feines Sieb streichen und in die Schüssel der Eismaschine füllen (diese muss zuvor 12 Stunden im Gefrierschrank gekühlt worden sein). Die Schüssel in die Eismaschine stellen und diese 25 bis 30 Minuten laufen lassen, bis ein samiges Eis entsteht.

Einen Sirup aus 150 g Zucker, 150 ml Wasser, 1 Zimtstange und 5 Kardamomsamen kochen. Das Fruchtfleisch einer Ananas in sehr kleine Stücke schneiden und auf einem Teller anrichten. Den kalten Sirup darüber geben und mit einer Kugel Eis servieren.

Geben Sie für ein intensiveres Aroma noch 1 Teelöffel Zimtpulver zur Milch, bevor Sie sie aufkochen.

Zubereitung	Rühren	Kühlen
30 Min.	25 bis 30 Min.	5 Std.

Eis am Stiel mit Spekulatius

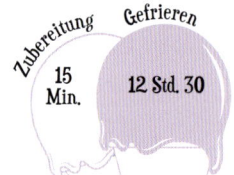

FÜR 6 EIS AM STIEL

400 g Spekulatius
500 ml fettarme Milch
250 ml gezuckerte Kondensmilch
250 ml ungezuckerte Kondensmilch
300 g dunkle Schokolade mit 55-65 %
Kakaogehalt

Die Spekulatius in einem Mixer fein zerbröseln. 150 g davon zur Seite stellen. Die Milch mit der gezuckerten und ungezuckerten Kondensmilch und mit den restlichen Spekulatius in den Mixer geben. 30 Sekunden zu einer homogenen Masse pürieren.

Die Spekulatiusmischung in die Eisformen füllen und die Stiele hineinstecken. für 12 Stunden in den Gefrierschrank stellen.

Etwa 1 Stunde vor dem Verzehr die Schokolade hacken und im Wasserbad schmelzen lassen. Das Eis aus den Formen nehmen und mit der Spitze in die geschmolzene, noch warme oder lauwarme Schokolade tauchen. Abtropfen lassen und mit den Spekulatiusbröseln bestreuen. Dann auf die Spitze stellen und auf einem Backpapier trocknen lassen, eventuell leicht anlehnen.

Das Eis noch einmal für 30 Minuten in das Gefrierfach stellen, damit der Überzug ganz aushärtet.

Mascarponesorbet
mit gebrannten Mandeln

Zubereitung:
25 Min.
Kühlen:
4 Std.
Rühren:
20 bis 25 Min.

FÜR 1 LITER SORBET

300 g feiner Zucker

90 g Traubenzucker

Saft von 3 Limetten

150 g gebrannte Mandeln

500 g Mascarpone

300 ml Wasser mit dem Zucker, Traubenzucker und Limettensaft zum Kochen bringen. Den Sirup abkühlen lassen und für etwa 4 Stunden in den Kühlschrank stellen. Die gebrannten Mandeln hacken.

Den Sirup mit der Mascarpone vermischen. In die Schüssel der Eismaschine füllen (diese muss zuvor 12 Stunden im Gefrierschrank gekühlt worden sein). Die Schüssel in die Eismaschine stellen und diese 20 bis 25 Minuten laufen lassen, bis ein sämiges Sorbet entsteht. Etwa 5 Minuten vor Ende der Rührzeit durch die Deckelöffnung die gebrannten Mandeln zugeben.

Zum Sorbet passen gut Aprikosen-Tartelettes. Dafür aus dünn ausgerolltem Blätterteig Kreise von 8 cm Durchmesser ausschneiden, mit frischen, entsteinten Aprikosen belegen, etwas Zucker und ein Stückchen Butter darauf geben und 15 Minuten im vorgeheizten Ofen bei 200° C backen.

Frischkäseeis
mit Zitronenschale

Zubereitung · 30 Min. · Rühren · 20 bis 25 Min. · Kühlen · 3 Std.

FÜR 1,8 LITER EIS

6 Eigelb
400 g feiner Zucker
geriebene Schale von 2 Zitronen
1 Liter Milch
1 kg Brousse (französischer Frischkäse)

Die Eigelbe mit dem Zucker zu einer hellen Masse aufschlagen. Die Zitronenschale zugeben. In einem Topf die Milch zum Kochen bringen und dann unter die geschlagenen Eier rühren. In den Topf gießen und bei sehr milder Hitze dicklich einkochen, bis die Creme am Löffel klebt. In eine Schüssel geben und abkühlen lassen, dabei von Zeit zu Zeit umrühren. Anschließend für 3 Stunden in den Kühlschrank stellen.

Den Brousse unter die kalte Creme rühren, dann die Mischung mit einem Löffel durch ein Sieb streichen. In die Schüssel der Eismaschine füllen (diese muss zuvor 12 Stunden im Gefrierschrank gekühlt worden sein).

Die Schüssel in die Eismaschine stellen und diese 20 bis 25 Minuten laufen lassen, bis ein sämiges Eis entsteht.

Reichen Sie marinierte Früchte zu diesem Eis. Dafür 150 ml Wasser mit 150 ml braunem Rum und 200 g feinem Zucker zum Kochen bringen und kandierte Früchte (Ananas, Banane, Mango) und Korinthen dazu geben. Vom Herd nehmen, in eine Schüssel füllen und abkühlen lassen. Die Früchte halten sich in einer verschlossenen Dose im Kühlschrank.

Lakritzeis

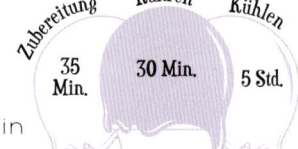

Lakritzpastillen zerkleinern, wenn Sie kein Lakritzpulver verwenden.

Die Eigelbe mit dem Zucker zu einer hellen Masse aufschlagen. In einem Topf beide Milchsorten mit der Sahne und dem Lakritz zum Kochen bringen, dann 10 Minuten ziehen lassen. Unter die geschlagenen Eier rühren, dabei ständig rühren. In den Topf gießen und bei sehr milder Hitze dicklich einkochen, bis die Creme am Löffel klebt.

In eine Schüssel geben und abkühlen lassen, dabei von Zeit zu Zeit umrühren. Anschließend für etwa 5 Stunden in den Kühlschrank stellen.

Die Creme durch ein feines Sieb streichen. In die Schüssel der Eismaschine füllen (diese muss zuvor 12 Stunden im Gefrierschrank gekühlt worden sein). Die Schüssel in die Eismaschine stellen und diese 30 Minuten laufen lassen, bis ein samiges Eis entsteht.

Das Lakritzeis in kleine runde Dessertförmchen füllen und in den Gefrierschrank stellen. Honigkuchen im Ofen trocknen lassen und im Mixer zu feinen Bröseln verarbeiten. Das Eis aus den Förmchen nehmen, in den Bröseln walzen und gleich verzehren.

FÜR 1,3 LITER EIS

30 g Lakritzpulver oder
10 g Lakritzpastillen
(aus der Apotheke)
8 Eigelb
180 g feiner Zucker
350 ml Sojamilch
350 ml Reismilch
300 ml Sahne

Wassermelonensorbet mit Granatapfelsirup und Studentenfutter

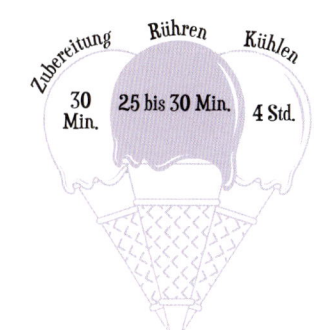

Zubereitung 30 Min.

Rühren 25 bis 30 Min.

Kühlen 4 Std.

FÜR 1,8 LITER SORBET

1,5 kg Fruchtfleisch einer Wassermelone

200 g feiner Zucker

100 ml Granatapfelsirup

1 EL getrocknete Feigen, gehackt

1 EL gehackte Mandeln

1 EL gehackte Haselnüsse

1 EL gehackte Walnüsse

1 EL Rosinen

Die Wassermelone grob in Stücke schneiden, pürieren und durch ein Sieb passieren.

200 ml Wasser mit dem Zucker und Granatapfelsirup zum Kochen bringen. Vom Herd nehmen und abkühlen lassen, dann das Melonenpüree unterrühren. Für etwa 4 Stunden in den Kühlschrank stellen.

In die Schüssel der Eismaschine füllen (diese muss zuvor 12 Stunden im Gefrierschrank gekühlt worden sein). Die Schüssel in die Eismaschine stellen und diese 25 bis 30 Minuten laufen lassen, bis ein sämiges Sorbet entsteht. Etwa 5 Minuten vor Ende der Rührzeit die Trockenfrüchte durch die Deckelöffnung zugeben.

Servieren Sie dieses Sorbet mit in Rotwein gekochten Früchten der Saison (Feigen, Birnen, Pfirsichen…).

Karotten-Orangen-Zitronen-Sorbet

Zubereitung:
20 Min.
Kühlen:
4 Std.
Rühren:
20 bis 25 Min.

FÜR 1.3 LITER SORBET

300 g feiner Zucker

300 ml frisch gepresster
Orangensaft

300 ml frisch gepresster
Zitronensaft

400 ml frischer Karottensaft

300 ml Wasser mit dem Zucker zum Kochen bringen. Den Sirup vom Herd nehmen und abkühlen lassen, dann mit den Obstsäften und dem Karottensaft verrühren.

Die Mischung durch ein Sieb geben und für etwa 4 Stunden in den Kühlschrank stellen. In die Schüssel der Eismaschine füllen (diese muss zuvor 12 Stunden im Gefrierschrank gekühlt worden sein).

Die Schüssel in die Eismaschine stellen und diese 20 bis 25 Minuten laufen lassen, bis ein sämiges Sorbet entsteht. Die Maschine nicht länger laufen lassen, damit das Sorbet nicht hart und körnig wird.

Kokoseis am Stiel mit Rosenaroma

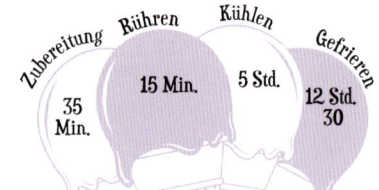
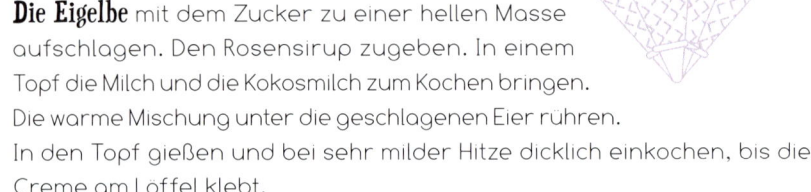

Zubereitung 35 Min. · Rühren 15 Min. · Kühlen 5 Std. · Gefrieren 12 Std. 30

FÜR 6 EIS AM STIEL

8 Eigelb
100 g feiner Zucker
200 ml Rosensirup
700 ml fettarme Milch
300 ml Kokosmilch
800 g weiße Schokolade
10 Holzstiele

Die Eigelbe mit dem Zucker zu einer hellen Masse aufschlagen. Den Rosensirup zugeben. In einem Topf die Milch und die Kokosmilch zum Kochen bringen. Die warme Mischung unter die geschlagenen Eier rühren. In den Topf gießen und bei sehr milder Hitze dicklich einkochen, bis die Creme am Löffel klebt.

In eine Schüssel geben und abkühlen lassen, dabei von Zeit zu Zeit umrühren. Anschließend für mindestens 5 Stunden in den Kühlschrank stellen.

Die Creme in die Schüssel der Eismaschine füllen (diese muss zuvor 12 Stunden im Gefrierschrank gekühlt worden sein). Die Schüssel in die Eismaschine stellen und diese 15 Minuten laufen lassen, bis ein samiges Eis entsteht.

Die Creme in die Eisformen füllen und die Holzstäbchen hineinstecken. Für 12 Stunden in den Gefrierschrank stellen. Etwa 1 Stunde vor dem Verzehr die weiße Schokolade hacken und im Wasserbad schmelzen lassen.

Das Eis aus den Formen nehmen. In die geschmolzene Schokolade tauchen, abtropfen lassen und in eine Styropor-Platte stecken. Diese für 30 Minuten in den Gefrierschrank stellen, damit der Überzug vollständig aushärtet.

Die übrige Schokolade in einer kleinen, gut verschließbaren Dose bei Zimmertemperatur aufbewahren.

Geeiste Creme mit Honigkuchen

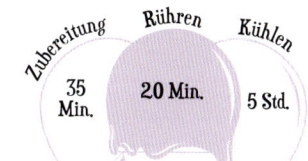

Zubereitung 35 Min. · Rühren 20 Min. · Kühlen 5 Std.

FÜR 1,3 LITER EIS

8 Eigelb
30 g feiner Zucker
40 g Honig
300 ml Milch
400 ml Sahne
1 Vanilleschote, längs halbiert
200 g Honigkuchen

Die Eigelbe mit dem Zucker und Honig zu einer hellen Masse aufschlagen. In einem Topf Milch und Sahne mit der Vanilleschote zum Kochen bringen. Vom Herd nehmen und 3 Minuten ziehen lassen. Die Vanilleschote herausnehmen, das Innere auskratzen und in die Milch geben.

Die warme Milch unter die geschlagenen Eier rühren. In den Topf gießen und bei sehr milder Hitze dicklich einkochen, bis die Creme am Löffel klebt. In eine Schüssel geben, den Honigkuchen hineinbröseln und einweichen. Die Creme abkühlen lassen, dabei von Zeit zu Zeit umrühren. Anschließend für etwa 5 Stunden in den Kühlschrank stellen.

Die Creme pürieren und durch ein sehr feines Sieb streichen. In die Schüssel der Eismaschine füllen (diese muss zuvor 12 Stunden im Gefrierschrank gekühlt worden sein). Die Schüssel in die Eismaschine stellen und diese 20 Minuten laufen lassen, bis ein sämiges Eis entsteht.

In einer Pfanne 4 halbierte Feigen mit etwas Honig und Butter karamellisieren. Die Feigen in einen tiefen Teller legen und ein oder zwei Kugeln Eis dazu geben. Mit der Kochflüssigkeit beträufeln und servieren.

Kokoseis mit Piña Colada

Zubereitung:
40 Min.
Kühlen:
5 Std.
Rühren:
25 bis 30 Min.

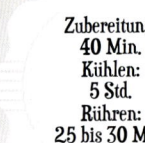

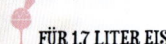

FÜR 1,7 LITER EIS

8 Eigelb

200 g feiner Zucker

200 ml Milch

600 ml Kokosmilch

300 ml Sahne

60 g Kokosflocken

zum Dekorieren

Für das Ananasconfit

1 frische Ananas

150 g Rohrzucker

200 ml brauner Rum

Das Ananasconfit zubereiten. Die Ananas von Schale und Strunk befreien und das Fruchtfleisch in 5 mm große Würfel schneiden. In einem Topf mit dickem Boden den Rohrzucker bei mittlerer Hitze karamellisieren. Ananaswürfel zugeben und 5 Minuten kochen lassen, dabei ständig rühren. Den Rum zugießen und weitere 10 Minuten kochen. Zur Seite stellen.

Die Eigelbe mit dem Zucker zu einer hellen Masse aufschlagen. In einem Topf beide Milchsorten und die Sahne zum Kochen bringen. Die warme Milch unter die geschlagenen Eier rühren. In den Topf gießen und bei sehr milder Hitze dicklich einkochen, bis die Creme am Löffel klebt. In eine Schüssel geben und abkühlen lassen, dabei von Zeit zu Zeit umrühren. Anschließend für etwa 5 Stunden in den Kühlschrank stellen.

Die Creme durch ein sehr feines Sieb streichen. In die Schüssel der Eismaschine füllen (diese muss zuvor 12 Stunden im Gefrierschrank gekühlt worden sein). Die Schüssel in die Eismaschine stellen und diese 25 bis 30 Minuten laufen lassen, bis ein sämiges Eis entsteht. Kurz vor Ende der Rührzeit die Ananaswürfel durch die Deckelöffnung zugeben.

Zum Servieren mit Kokosflocken bestreuen.

Himbeersorbet

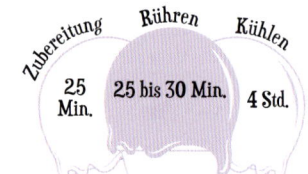

Zubereitung 25 Min.   Rühren 25 bis 30 Min.   Kühlen 4 Std.

FÜR 1,5 LITER SORBET

500 g frische Himbeeren

500 ml belgisches Kriek-Bier,
Himbeer

300 g feiner Zucker

200 g Traubenzucker

Himbeeren pürieren und durch ein feines Sieb streichen, so dass die Kerne zurückbleiben; in den Kühlschrank stellen.

Bier, Zucker und Traubenzucker in einen Topf geben und zum Kochen bringen, dabei von Zeit zu Zeit umrühren. Vom Herd nehmen und den Sirup abkühlen lassen. Anschließend für etwa 4 Stunden in den Kühlschrank stellen.

Das Himbeerpüree mit dem Sirup vermischen. In die Schüssel der Eismaschine füllen (diese muss zuvor 12 Stunden im Gefrierschrank gekühlt worden sein). Die Schüssel in die Eismaschine stellen und diese 25 bis 30 Minuten laufen lassen, bis ein sämiges Sorbet entsteht.

Mit eiskaltem Wodka kann dieses Sorbet sowohl als Dessert wie auch als Digestif gereicht werden.

 Verwenden Sie für Kinder anstelle von Bier dieselbe Menge Limonade.

Dunkles Schokoladeneis

Die Eigelbe mit dem Zucker und Honig zu einer hellen Masse aufschlagen. Sahne und Kakao in einem kleinen Topf mit einem Schneebesen verrühren und bei milder Hitze erwärmen.

In einem anderen Topf die Milch zum Kochen bringen. Die geschlagenen Eier unterrühren, ebenso die Schokoladencreme. In den Topf gießen und bei sehr milder Hitze dicklich einkochen, bis die Creme am Löffel klebt. In eine Schüssel geben und abkühlen lassen, dabei von Zeit zu Zeit umrühren. Anschließend für etwa 4 Stunden in den Kühlschrank stellen.

Die Creme durch ein sehr feines Sieb streichen. In die Schüssel der Eismaschine füllen (diese muss zuvor 12 Stunden im Gefrierschrank gekühlt worden sein). Die Schüssel in die Eismaschine stellen und diese 20 bis 25 Minuten laufen lassen, bis ein sämiges Eis entsteht.

Apfel- und Birnenstücke, Haselnüsse, Mandeln, Trauben und Orangenschale in Honig andunsten. Auf einen Teller geben und eine Kugel Eis darauf setzen.

FÜR 1.5 LITER EIS

10 Eigelb
200 g feiner Zucker
150 g Kakaopulver
200 ml Sahne
700 ml Milch

Mandeleis

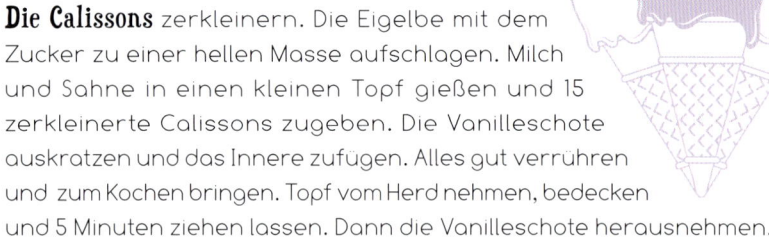

Zubereitung · Rühren · Kühlen

35 min · 25 à 35 min · 5 h

FÜR 1 LITER EIS

25 Calissons (provenzalisches
Mandelgebäck, im Internet
erhältlich)
8 Eigelb
50 g feiner Zucker
150 ml Sahne
1/2 Vanilleschote, längs
aufgeschnitten

Die Calissons zerkleinern. Die Eigelbe mit dem Zucker zu einer hellen Masse aufschlagen. Milch und Sahne in einen kleinen Topf gießen und 15 zerkleinerte Calissons zugeben. Die Vanilleschote auskratzen und das Innere zufügen. Alles gut verrühren und zum Kochen bringen. Topf vom Herd nehmen, bedecken und 5 Minuten ziehen lassen. Dann die Vanilleschote herausnehmen.

Die warme Mischung mit den geschlagenen Eiern verrühren. In den Topf gießen und bei sehr milder Hitze dicklich einkochen, bis die Creme am Löffel klebt. In eine Schüssel geben und abkühlen lassen, dabei von Zeit zu Zeit umrühren. Anschließend für etwa 5 Stunden in den Kühlschrank stellen.

Die Creme durch ein sehr feines Sieb streichen. In die Schüssel der Eismaschine füllen (diese muss zuvor 12 Stunden im Gefrierschrank gekühlt worden sein). Die Schüssel in die Eismaschine stellen und diese 25 bis 35 Minuten laufen lassen, bis ein samiges Eis entsteht. Am Ende der Rührzeit die übrigen Calissons durch die Deckelöffnung zufügen.

Geviertelte Pfirsiche in einer Mischung aus 500 ml Rivesaltes (südfranzösischer Dessertwein), 150 g feinem Zucker und 10 Verbenenblätter dünsten. Eine Nacht im Kühlschrank ruhen lassen und mit einer Kugel Eis servieren.

Zabaione-Eis mit glasierten Maronen

Zubereitung:
30 Min.
Kühlen:
4 Std.
Rühren:
25 bis 30 Min.

FÜR 1 LITER EIS

400 ml Sahne, gut gekühlt
150 ml Maraschino-Likör
200 g feiner Zucker
8 Eigelb
10 kandierte Maronen

Die Sahne mit einem elektrischen Rührgerät steif schlagen. In den Kühlschrank stellen.

Die Zabaione zubereiten. Dafür den Maraschino mit dem Zucker zum Kochen bringen. Die Eier in einer großen Schüssel schaumig schlagen und nach und nach den Maraschino-Sirup zufügen, bis eine helle, cremige Masse entsteht.

Die Zabaione vorsichtig vorsichtig unter die geschlagene Sahne ziehen und für 4 Stunden in den Kühlschrank stellen.

Die Creme in die Schüssel der Eismaschine füllen (diese muss zuvor 12 Stunden im Gefrierschrank gekühlt worden sein). Die Schüssel in die Eismaschine stellen und diese 25 bis 30 Minuten laufen lassen, bis ein sämiges Eis entsteht. Zum Servieren mit klein gehackten, kandierten Maronen bestreuen.

Pistazieneis
mit Amarenakirschen

Zubereitung **30 Min.** · Rühren **25 bis 35 Min.** · Kühlen **5 Std.**

FÜR 1.3 LITER EIS

9 Eigelb
200 g feiner Zucker
1 Liter Milch
2 EL Pistaziencreme
250 g Amarenakirschen

Die Eigelbe mit dem Zucker zu einer hellen Masse aufschlagen. Milch zum Kochen bringen und mit den geschlagenen Eiern verrühren. Die Pistaziencreme dazugeben. In den Topf gießen und bei sehr milder Hitze dicklich einkochen, bis die Creme am Löffel klebt.

In eine Schüssel geben und abkühlen lassen, dabei von Zeit zu Zeit umrühren. Anschließend für etwa 5 Stunden in den Kühlschrank stellen.

Die Creme durch ein sehr feines Sieb streichen. In die Schüssel der Eismaschine füllen (diese muss zuvor 12 Stunden im Gefrierschrank gekühlt worden sein). Die Schüssel in die Eismaschine stellen und diese 25 bis 35 Minuten laufen lassen, bis ein sämiges Eis entsteht. Vor dem Servieren mit Amarenakirschen anrichten oder pur genießen.

Für eine hübsche Dekoration geben Sie das Eis in kleine runde Förmchen und stellen es 2 Stunden in den Gefrierschrank. Bestreuen Sie es mit Rohrzucker, bevor Sie es aus der Form lösen, und karamellisieren Sie die Oberfläche mit einem Flambierbrenner.

Anstelle von Pistazienpaste können Sie auch 200 g Pistazien mit einer Teigrolle zerkleinern und mit Milch aufkochen. Dann 10 Minuten ziehen lassen. Anschließend pürieren, durch ein feines Sieb geben und nochmals aufkochen, bevor Sie die Mischung mit den Eiern verrühren.

Geeiste Rumcreme mit Rosinen

Zubereitung 30 Min. · Rühren 25 bis 30 Min. · Kühlen 5 Std.

FÜR 1,2 LITER EIS

8 Eigelb
150 g feiner Zucker
200 ml Milch
500 ml Sahne
1/2 Vanilleschote, längs halbiert
100 ml Rum
80 g brauner Zucker
125 g Rosinen

Die Eigelbe mit dem Zucker zu einer hellen Masse aufschlagen. Milch und Sahne in einen Topf geben. Das Innere der Vanilleschote auskratzen und mit der Vanilleschote dazugeben. Zum Kochen bringen. Den Topf vom Herd nehmen, abdecken und die Vanille 10 Minuten ziehen lassen, dann die Vanilleschote herausnehmen.

Die warme Mischung mit den geschlagenen Eiern verrühren. In den Topf gießen und bei sehr milder Hitze dicklich einkochen, bis die Creme am Löffel klebt. In eine Schüssel geben und abkühlen lassen, dabei von Zeit zu Zeit umrühren. Anschließend für etwa 5 Stunden in den Kühlschrank stellen.

Den Rum mit dem braunen Zucker aufkochen. Die Rosinen zufügen und abkühlen lassen.

Die Creme durch ein sehr feines Sieb streichen. In die Schüssel der Eismaschine füllen (diese muss zuvor 12 Stunden im Gefrierschrank gekühlt worden sein). Die Schüssel in die Eismaschine stellen und diese 25 bis 30 Minuten laufen lassen, bis ein sämiges Eis entsteht.

Die Rosinen abtropfen lassen und 5 Minuten vor Ende der Rührzeit durch die Deckelöffnung zugeben.

Karotteneis mit Kreuzkümmel

Zubereitung:
40 Min.
Kühlen:
5 Std.
Rühren:
25 bis 30 Min.

FÜR 1.5 LITER EIS

600 g Karotten

800 ml Milch

1 EL Kreuzkümmelsamen

2 Eigelb

300 ml Sahne

Salz und Pfeffer

Die Karotten schälen und in Scheiben schneiden. 1 Liter Salzwasser in einem großen Topf zum Kochen bringen. Die Karotten hineingeben und das Wasser noch einmal aufkochen. Dann die Karotten herausnehmen und abtropfen lassen.

Milch mit Kreuzkümmelsamen in einen Topf geben. Die Karotten zufügen und alles 10 Minuten kochen. Wenn die Karotten weich sind, Eigelb und Sahne zugeben und alles pürieren. Die Mischung durch ein feines Sieb geben. Salzen und pfeffern. Abkühlen lassen und für 5 Stunden in den Kühlschrank stellen.

In die Schüssel der Eismaschine füllen (diese muss zuvor 12 Stunden im Gefrierschrank gekühlt worden sein). Die Schüssel in die Eismaschine stellen und diese 25 bis 30 Minuten laufen lassen, bis ein sämiges Eis entsteht.

Dieses Eis zu einem Salat aus knackigem Gemüse reichen (Karotten, Blumenkohl, Bohnen, Gurken). Dazu passt eine Vinaigrette aus Olivenöl und Limettensaft.

Tomatensorbet mit Basilikum

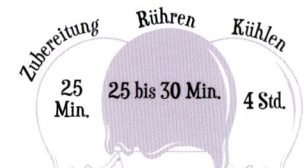

FÜR 1,3 LITER SORBET

150 g feiner Zucker
50 g Traubenzucker
Saft von 2 Zitronen
1 Liter Tomatensaft
15 Basilikumblätter
Salz und Pfeffer

250 ml Wasser mit Zucker, Traubenzucker und Zitronensaft zum Kochen bringen. Den Sirup abkühlen lassen und den Tomatensaft dazugeben. Salzen und pfeffern.

Die Mischung durch ein feines Sieb geben und für etwa 4 Stunden in den Kühlschrank stellen. Anschließend in die Schüssel der Eismaschine füllen (diese muss zuvor 12 Stunden im Gefrierschrank gekühlt worden sein).

Die Basilikumblätter klein schneiden und zur Seite stellen.

Die Schüssel in die Eismaschine stellen und diese 25 bis 30 Minuten laufen lassen, bis ein sämiges Sorbet entsteht. Etwa 5 Minuten vor Ende der Rührzeit das Basilikum durch die Deckelöffnung zugeben

1 Kugel Mozzarella in dünne Scheiben schneiden und auf einem Teller anrichten. Eine Kugel Sorbet daraufgeben und mit etwas Balsamessig und Olivenöl beträufeln. Mit gehacktem Basilikum bestreuen und servieren.

Melonensorbet mit grünem Pfeffer

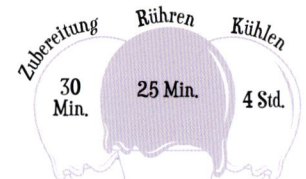

Zubereitung 30 Min. · Rühren 25 Min. · Kühlen 4 Std.

FÜR 1.5 LITER SORBET

1 kg Fruchtfleisch einer reifen
Honigmelone
200 g feiner Zucker
100 g Traubenzucker
1/2 TL grüner Pfeffer
in Salzlake

Das Fruchtfleisch der Melone in grobe Stücke schneiden und im Mixer pürieren. 300 ml Wasser mit Zucker und Traubenzucker zum Kochen bringen. Vom Herd nehmen und den Sirup abkühlen lassen, dann das Melonenpüree unterrühren. Für 4 Stunden in den Kühlschrank stellen.

Die Creme in die Schüssel der Eismaschine füllen (diese muss zuvor 12 Stunden im Gefrierschrank gekühlt worden sein) und die Schüssel in die Eismaschine stellen. Den grünen Pfeffer sehr klein hacken und zufügen. Die Maschine 25 bis 30 Minuten laufen lassen, bis ein samiges Sorbet entsteht.

Halbieren Sie kleine Melonen, höhlen Sie sie aus und bewahren die Schalenhälften auf. Füllen Sie die Sorbetkugeln hinein und servieren Sie sie mit Grissini und luftgetrocknetem Schinken.

Erbsensorbet mit Minze

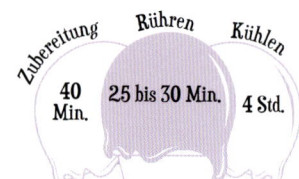

 **FÜR 1.2 LITER SORBET**

600 g kleine Erbsen, tiefgefroren
100 ml Geflügelfond
8 frische Minzeblätter
500 ml Sahne
Salz und Pfeffer

Die Erbsen 5 Minuten in kochendem Salzwasser kochen. Unter kaltem Wasser abschrecken und abtropfen lassen.

Erbsen und Minze mit Geflügelfond pürieren. Sahne zugeben, salzen und pfeffern. Noch einmal pürieren und durch ein feines Sieb streichen. Für 4 Stunden in den Kühlschrank stellen.

Die Mischung in die Schüssel der Eismaschine füllen (diese muss zuvor 12 Stunden im Gefrierschrank gekühlt worden sein).

Die Schüssel in die Eismaschine stellen und diese 25 bis 30 Minuten laufen lassen, bis ein samiges Sorbet entsteht.

Bereiten Sie einen Salat aus grünem Gemüse – Bohnen, Spargel – mit einer Vinaigrette aus Nussöl und Sherryessig zu und bestreuen Sie ihn mit Parmesanspänen. Geben Sie etwas Salat auf die Teller und garnieren Sie ihn mit einer Kugel Erbsensorbet.

Genehmigte Lizenzausgabe für die **garant** Verlag GmbH,
Benzstraße 56, 71272 Renningen, Deutschland
www.garant-verlag.de

Deutsche Übersetzung:
Dr. Katrin Korch, Baden-Baden

Satz: Martin Jablonka, Rastatt

Die Übersetzung des Titels wurde nach Vereinbarungen mit Larousse
produziert.

ISBN: 978-3-7359-1059-2